Friedrich Müller

Der Satyr Mopsus

eine Idylle in 3 Gesängen

Friedrich Müller

Der Satyr Mopsus
eine Idylle in 3 Gesängen

ISBN/EAN: 9783744611770

Hergestellt in Europa, USA, Kanada, Australien, Japan

Cover: Foto ©Thomas Meinert / pixelio.de

Weitere Bücher finden Sie auf **www.hansebooks.com**

Der
Satyr Mopsus
eine
Idylle
in drey Gesängen.

Von einem jungen Mahler.

Frankfurt und Leipzig
1775.

Meinem Freund

dem Herrn

Hofkammerrath Jakobi

in Düsseldorf

gewidmet.

Der
Satyr Mopsus.
Erster Gesang.

Am schattigten Ufer des Moosquells saßen
die Hirten versammlet und beratheten sich,
wie und wo sie ihren verlohrnen Satyr Mopsus
suchen wolten, der noch verwichenen Abend so
fröhlich mit ihnen gezechet. 'Ach! spricht einer

liebe

liebe Brüder, was ist zu thun? — Hat ihn
ein Centaur uns gestohlen oder Pan vielleicht
selbsten, daß er sich in seiner grünen Grotte an
ihm belustige? — Laßt uns alle klagen; er ist
fort — fort, ach! und wir sind alle verlohren
und in diesem Leben seh, ich nun keine Lust
weiter.

Und die Knaben heulen alle von neuem, lau=
fen hin und her — suchen immer noch, ob sie
ihren lieben Satyr nicht wieder fänden, als
ferne an einem dichten Brommbeerstrauche ein
milchhörnigtes Fäunchen schreit: — — Funden,
funden, ihr Brüder! hieher! — — Mitten aus
dem Gesträuche hervor ragte ein großer zottiger
Bocksfuß, der auf moosigte Klippen seinen Schat=
ten warf; den sah von ferne der kleine Weinsäufer,
klettert nach und guckt, und hält ihn und schreit
von neuem: Funden, funden, ihr Brüder!
hieher! — — Alle Knaben kommen nun her=
unter, erstaunen, sehen, wie ihr lieber alter
Mopsus im dichtsten Brommbeerstrauche ohnmäch=
tig verwickelt liegt; mit Thränen ziehen sie ihn
hervor, schlagen ihre selligte Mäntel um seine

zer=

zerkrazten Schultern und tragen ihn auf ihren
Armen in seine Behausung ein. — Neben Feuer
legen Sie ihn dort auf weiches Moos, waschen
sein Angesicht mit feuchtem Schwamme und träuf=
len ihm Eßig in seine Nase. Da beginnt er wie=
der zu athmen; kaum aber schlägt er die Augen
auf, schauet er umher, heulet: — Leb ich denn
noch? — Dann betrachtet er seine zerrißene Hän=
de — und blutige Brust und heulet von neuem.

Wie ist dirs, lieber Mopsus? fragt nun der
Knabe Myron, hockt sich vor den Ziegenfüßler
hin und hält ihm den sinkenden Kopf. — Sag um
Pans willen, wie kamstu nur in den verfluchten
Strauch, aus dem dich die Knaben erst gezogen? —
Erzähls doch! Ja, ja — will euch alles erzäh=
len, seufzt der Satyr, — — gebt mir nur
vor ein wenig Brod und Wein, mein mattes
Herz zu erlaben. — — Sie gabens ihm, und
als er gessen und getrunken hatte, fieng er also
zu erzählen an: Wie ich in den verfluchten
Strauch kommen, darinn ihr mich gefunden,
habt ihr wohl Ursach, euch zu wundern. Hört
nur! — — Aber eh ich noch ein Wörtgen wei=

ter erzähle, helft mir vor auf alle Weiber schmä-
len. — — O! das ist das garstigste Gezücht,
das Jupiter unter der Sonne geschaffen. — —
O! das ist — — — — Warum guter Mopsus! sagt der nußbraune Myron, du sprachst
doch sonst anders; wie kommt das?

Mopsus: Ja, ja! da kannt ich sie nicht; jetzt
da ichs beßer weiß, was Weibertücke brütet, will ich
immer, immer schelten und ihnen gram seyn — —
sezt euch nur um mich her; — — — mein Treu!
S'lohnt sich der Mühe, mir zuzuhören. — — —
Ihr sollts deutlich vernehmen, warum ich nun
allen Weibsen so spinnefeind bin und was diese gottlose Quellen-Nymphe Persina an mir verübet. —
Ihr wißt's doch, daß ich in dis garstige Wasser-
mädgen verliebt war, he? — — Was ich ih-
rentwegen vor Schmerzen und Kummer ausge-
standen, mich vor Liebe abgehärmt, nicht ge-
ruht und geschlafen, wenn ich Nachts auf naßen
Felsen ihrer Höle gegenüber saß und im kühlen
Mondscheine ihr meinen Jammer vorgepfiffen;
wißt ihrs?

Myron:

Myron: Freylich — freylich wißen wirs — — haben dich ja oft drüber ausgelacht.

Mopsus: Gut! — — — Wie ihr alle heunt schlieft, ich ganz allein noch bey meinem Schlauche wachte, fiel mirs ein: — — was hilft all weinen, du mußt einmal recht Wein trinken, lachen und frölichen Muths seyn; wer weiß, gefällt das vielleicht dem Nymphgen beß= ßer. — — — Nun stand ich leise auf, nahm meinen Weinkrug und schlich zu des stolzen Mädgens Grotte hin, lachte und hüpfte im Mond= schein, schrie und schwenkte den vollen Becher; — — mir wars in der Seele wohl; ich sang aus mun= term Herzen: — — — Komm doch hervor Quellen=Mädgen, oder laß mich zu dir ein: — — Dann trank ich wieder und rief weiter: Komm! thue mir eins Bescheid. — Ey, du Närrchen! kennst noch viel süßes nicht. Nun ward mir im= mer wohler und kecker ums Herz. — — — Ey, Nymphgen! rief ich, gieb Antwort, oder wo du länger schweigst, thue mir einer dis und das, wo ich nicht in deine Höle krieche und mich gar spaßig zu dir lege. — — — Nun lachts hin=

ter

ter mir aus'm Gesträuche hervor. Ey! dacht
ich, das ist gut Zeichen; jezt will ich einmal
aus ganzem Herzen meinen Gesang anbringen,
den ich auf meine Liebe gedichtet, und worinn
ich ihr gar fein gefuchsschwänzet, mehr als der
Nickel werth war. Setzte mich dann auf einen
abgerißenen Eichenstrunck, ihrer Höle gegenüber,
und fing also an — — — Wills euch nur grad
hinsingen, eh ich weiter auserzähle, damit ihrs
nur selbst hört, ob das nicht ein schön Lied ist
und was für ein schändliches Mensch diese Quel=
len=Nymphe Persina ist, mich nicht zu lieben
und mir so übel zu begegnen, als ihr hernach
erfahren sollet. — — Hem!

„Laß dich belauschen, laß dich ertappen, Quel=
len=Mädgen! Du weißt nicht, wie gut das
thut. — — Die Frühlings=Sonne wärmet;
aber schmelzender ist ein Kuß, saftiger als wei=
cher Käs und Kukumern. — — Meine Treu!
Du glaubst nicht, wie süß's Lieben ist; süßer
als Honigfladen! — Ach! wenn ich dich nur
in meinen Armen hätt', Du Süße! hiengst süs=
ser dann an meiner Schulter, als Honigseim an
                                              eines

eines Bären Schnauze — — — :O! dein lie=
bes Haar ist doch so licht wellicht, dein Busen
wie weisser Schwamm; ach! wenn du Helle!
auf meinem Schooße säßest, und dich an meine
schwarze zottigte Brust lehntest, dann müßtestu
erst recht hervorblinken: denn weiß auf schwarz
sticht gar gut von einander ab.

„Soll ich denn immer jammern und leiden,
und meyns doch so herzlich treu! — — — O!
Nymphgen, Nymphgen! bedenk dich wohl. —
Ich will mit dir scherzen und spielen, wenn du
mich liebst; dich sollen alle Jungfrauen neiden,
so gütlich will ich dir thun; — Dich im Grü=
nen jagen, dir die Kleider vom Leibe reissen und
hetzen und Titzlen, daß einem behagt; — — —
Dann dich herum werfen auf den Bauch und
deine Schenkel so lange pletschen, daß sie dir
funklen sollen, wie eine zeitige Granate.

„Ach! das wär doch eine Fröhligkeit, derglei=
chen nichts über der Sonne gibt! Denk' an das
gut Leben und sey nicht so stolz! Ach, ach! kein
Baum wär' mir zu hoch, auf den ich nicht klim=
men

men wolte, die Mandlen abzuschlagen, oder der
Nüsse viel; der Rebe wolt ich nachkriechen an
Felsen herabhangen, dir die schönsten Trauben
zu schneiden, wenn du nur sagen woltest, du
seyest mein — — Ach! diß wär ein hell Wörtlein, wie ein Licht in der Nacht — — Ach!
diß wär ein süß Wörtlein! ich stünde früh auf,
es zu hören — ich stünde drum Ohrfeigen aus;
so lieb bistu mir, meine Herzens Krone!

„Gewiß bin ich deiner werth! — — Wenn
ich singe, horcht mir alles auf. — Was die
Wachtel gegen den Guckguck ist, sind alle übrige
Stimmen gegen mir: Denn keine hat soviel Gewalt, als meine. Ergreif ich die Flöte, hüpft
alles um mich her; so gar meine unverständige
Böcke lachen und tanzen um mich; so gar meine
Kürbisflaschen klotzen mich an und paußen sich
auf, als wollten sie mich loben. — — — Habe
dir schon gepfiffen, daß einer nicht glauben soll-
te. — Mein Treu! der hungrige Wolf stand
im Würgen still und horchte mir zu.

„Und das sind meiner Tugenden nicht all.
Mein Stier ist groß und stark, groß seine buschigte
Stirne

Stirne und stark sein spitziges Horn. — Voll
muthigen Unwillens entwurzelt er Wälder; —
sein eherner Fuß zermalmet den Kiesel und trü=
bet die Luft; — Weit auf reißt er seine dampf=
ende Nase und brüllt, daß Anger und Thal er=
schrickt; aber kaum schellt ich ihn aus, — soll=
test's nur selbst sehen, steht er furchtsam wie ein
Kind, vor mir — drehet sein großes Auge seit=
wärts, ähnlich dem sinkenden Monde; brummt
hinab; — dann zieh ich ihn am Horne zur Mit=
tagssonn auf, und gebiete. — — Er steht still,
und ich schlummre geruhig in seinem Schatten.

„Auch bin ich kein häßlicher Kerl nicht. —
Mein Treu! das sagen doch alle Mädgen zu
mir. — Mein Gesicht ist glatt wie ein Kuh=
Euter; mein Bart kohlrabenschwarz; meine Hör=
ner stehen aus meiner graulichten Locke heraus,
wie zwey Tannen aus einem Schneehügel; und
meine Wangen? — — Ach! die sind angespannt
und voll, daß ohne mich zu rühmen, ich dem
König Boreas gleiche; den Bacchidon, mit der
Krone auf dem Haupte, an eine dicke Eiche ge=
schnitzelt, wie er einsmals neun Tage und neun
                                        Nächte

Nächte allen Wind untergeschluckt, um beym
nächsten Feste, des Oceans schlancken Töchtergen
gar lieblich die Röcke von den Beingen zu wehen.
Du soltest's nur selbst sehen, wie wohl das ge-
schnitzelt ist und wie groß und herrlich seine wind-
volle Backen hervorhangen, daß sie einer in die
Ferne vor zwey Dudelsäcke nimmt. — — —
Ja, du liebes! du, betrachte mich recht, waß
lustigen Ansehens ich bin. — Mein Treu! du
findst mein Näsgen nicht in meinem dicken Gesicht: — — — Das sieht doch so lustig-poßier-
lich aus, daß ich oft selbst, wenn ich mich so
von ohngefähr in einer Quelle ersah, mir hätte
darüber einen Buckel lachen mögen.

„Und das alles, alles will ich dir gönnen. — —
Ach! wenn du nur woltest — — Aber waß
hilfts? Dir allein will ich gefallen; dir zu Ehren
thu ich doch alles, spiel mir fast die Finger
krumm, und du merkst nicht drauf — Ach!
schönhaariges Nymphgen, warum muß ich nur
so gar sehr in dich vernarrt seyn, daß kein Rath
noch Ende mehr ist? — Oft wenn ich dir Täge
lang nachschleiche, dich endlich hinter einer Dorne
erhasche,

erhafche, fchlüpfft du fpottend aus meinen Armen
weg, lachft noch, wenn du mich die leere Luft
oder ftachlichte Sträuche begierig an mein Herz
reiffen fiehft. — O! du Graufame, du; —
O! was hilft da klagen? Nichts — Wenn ichs
überdenke, und mein Elend, und die Pein, und
wie ich dich nicht haben foll, und gerne hätt';
das alles macht mir die Seele ganz fchwarz, daß
ich mich hochbetrübe und mir vor Trübfal das
Herz im Leibe wackelt, wie ein Lämmer Schwänz-
gen. Ach! — — — denk ich doch oft: Lägft
du nur wo kein Windlein dich mehr träf; daß
des Jammers einmal ein Ende wär, und ich zu
Frieden käme in kühler Erd'. — Ja, fo denk
ich oft; — dann laufen mir Thränen wie junge
Eicheln dick, über die Nafe. Ach! ach! — —
Ja du wirft mich noch hinrichten; denn alles ift
umfonft. — Oft, wenn ich Tag und Nacht deine Spur verfolget, dich nirgends finde, treibet
mich die Angft zu deiner Quelle hin; brünftig
ftürz ich dann bis über den Nabel darein; aber
auch dann fliehestu in dein chryftallenes Zimmer,
Läßeft mich jammernden Gaft allein.

,,Sieh

„Sieh doch! der Winter verheeret die Flur — —
alle Faunen und Satyren, meine Brüder, ver=
laßen dann Anger und Feld, verschliessen sich tief
in ihre Grotten und höhnen beym Weinmal Win=
tersturms Toben, singen und geben draußen alles
preis. Ach! die Glücklichen! sie freuen sich und
spielen und sind daheim vergnügt. Mich allein
treibt die Liebe von warmen Fellen hervor — — —
Ach! was brauch ich dirs zu sagen! hast oft
mein schnatternd Gewinsel gehöret, wenn ich
am blumenleeren Rande deines beeisten Bordes
saß — Ach! da saß ich und spielte in einer Käl=
te, die Wölfe zum Schreien bewegt und mit
fast Mark und Bein verzehret, dir meinen Jam=
mer vor; die Thränen, die von meinen Wangen
fielen, rasselten zwar auf meiner Flöte, aber du
bliebest doch ungerühret; unter deiner gläsernen
Decke lagst du dann geruhig auf dem Rücken, daß
ich dich gantz eigentlich sehen konnte. — O! du
Gottlose bemercktest dann wohl mein Verlangen
und wie ich lüstern hinsah auf deinen nackten
Busen und alle meine Glieder sich gewaltig be=
wegten, dich zu faßen. O! du Gottlose! bäum=
test dich dann noch artiger, und watscheltest mit
deinen runden Füßgen, und winktest mir; und
wehe!

wehe! — Halbtrunken stürzt ich dann nach dir
aufs Eis hin, streckte die Arme weit auseinan-
ander und schmelzte leider mit meinem dampfen-
den Busen den Schnee.

„Thu was dir gefällt! der Frühling ist nun
wieder da — Alles genießet der Freude; es paa-
ret sich alles im Grünen und auf der Erde;
mein Lämmgen, in meinem Schooß auferzogen,
springt fort und sucht sich einen andern Freund; —
das Rind springt muthig zum Bullen, und die
ganze Heerde brüllt ihm froh entgegen, da er
stolz zur Weyde kehrt; — mein Widder, geba-
det im Quell, stellt sich am Buchstamm auf.
Trocknet sich in der Sonne Ey, sieh doch! da
fallen zwey buhlende Täubgen aus der Luft, sitzen
nieder auf seine verschlungene Hörner — Der
lieblichen Thiergen gewohnt, achtets mein höfli-
cher Widder nicht; sie spielen und schnäbeln auf
seinem Haupte fort, stolz auf seine artige Last,
geht er und trägt sie, so kosend, unter seine
wollichte Frauen.

„Sag, soll einem nicht das Herz im Leibe zer-
springen, dem allem zuzusehen, ohn' ein gleiches

zu thun? — — Eß deine Milch allein wenn
dir's schmeckt; aber habs mein Tag gehört, wo
mehr seyn, wohnt Seegen. — Hab auch lange
gedacht; schmeckt nichts· beßer, als was man
selbst ißt, und wo viel in eine Schüßel fah=
ren, gibts schmale Brocken; aber ich wolte mirs
absparen am Mund — siehstu! dir wolt ichs ge=
ben unter den Zähnen hervor. — — Was nur
Gutes gäb an Aepfel, und Trauben und Nüßen
und Beeren, wär alles dein. — — O! wie
wollten wir leben! — — wie wolten wir leben!
Dich füttern wollt ich am Tage und mästen, daß
du feist würdest und dickbackigt und einen Kra=
gen von Speck bekämst, wie ein fettes Ferkel.
Ach, Amor und ihr Grazien! wie süß wär das! —
So lebten wir am Tage, und Nachts schleif=
testu mich, wenn ich etwa trunken im Felde läg,
an den Beinen ganz liebreich in meine Wohnung
ein. Ach! ach! — — dann solltestu mir jähr=
lich Zwillinge bringen; davor steh ich dir! —
Buben wie die Kälber, dickköpfigt und feueraug·
igt — Ach! ich kanns nicht mehr aushalten,
wenn ich daran gedenke, wie das artig seyn
müßte, wenn du mir so auf dem Rücken hingest,
an jeder Zize ein zottigter Knabe mit aufge=
sperr-

sperrtem Maul und jungen schwellenden Hörn=
ger: — — Ja wohl! mir steigen die Tränen
ins Auge, wenn ich nur an die vätterliche Freu=
de gedenke; wenn ich dann ausgienge zur Wey=
de, oder am Abend wiederkäme, und du lägst
dann unter unsern Knaben vor meiner Höle,
freundlich, wie eine Bache unter ihren Frisch=
lingen. O du mein liebes du! — — — Ach
dann språng ich wie ein Narr, zu dir hin, und
du hingst, wie eine Närrin, an meinem Halse,
und unsre kleine Närrgen hüpften um uns her=
um. Oh! oh! Mag dich Pan aufs grimmig=
ste davor strafen, wenn du mirs Herzenleid an=
thust und mich mit deiner Hartnäckigkeit um eine
so schöne Nachkommenschaft bringst.

„Hab so halber meinen Brüdern was von un=
serer Hochzeit gesagt. — — — Das soll einen
Tanz geben! ha ha ha! Sie mögen sich rüsten
und ihre Mädgen kränzen mit Myrten und Vio=
len; ich will dich auch kränzen, schöner, als sie
alle, soltu hervorprangen, meine Sonne! Einen
halben Wald will ich um deine Stirne zäunen,
der Tannenzapfen, Erdschwämme und Fichten=

laub

laub unvergeßen; einen ganzen Birkenast steck
ich selbst zwischen meine Hörner, damit ich auch
vor allen heraussteche und wir schmuck neben ein=
ander gehen, wie Braut und Bräutigam sol=
len. — — Dann müssen uns die Knaben Mayen
tragen, an deren Gipfel ich Kränzgen von Violen
hängen will. — — — O du lieblicher! solt dann
sehen wie wohl alles gehen soll, und wir wollen
herzlich lustig seyn, tanzen und springen, freßen
auf beyden Backen, daß's puft, — — aus
Kühlen Wein saufen, und die liebe Sonne solls
sehen und überm hellen Himmel, mit uns vor
Freude jauchzen.„

Seht, so hab ich gesungen! — — Ist das
nicht schön? Mit solch einem herzbrechenden Lie=
be hätt ich wollen Tieger auf ihren Jungen zäh=
men und Steine zum Greinen bewegen. — —
Aber ihr solts hören, wie übel einem in dieser
Welt gelohnt wird. — — Kaum war ich mit
singen fertig, flog mir seitwärts ein Holzapfel wi=
der die Nase; schnell dreh ich den Kopf um und
sag: Ey! — — da stand euch die Nymphe
Persina in ihrer Quelle und lachte; setzte dann
ihren

ihren Fuß aufs Blumenbord; lachte wieder und
rief: Mopsus! dein Lied hat mich gar sehr ge=
rühret. — — Aha! dacht ich, hab ich einmal
das rechte Fleckgen troffen? spring flink auf;
lauf hinzu und will sie haschen; aber, wutsch
ist sie mir die Finger durch, steht oben auf dem
Felsen, aus dem ihr Waßer springt, — — ruft:
Herauf! Mopsus! du Fauler! Ich ließ mich das
nicht zweymal heissen, klettert' wie ein Blitz
hinauf; aber kaum bin ich droben, wutsch ist ſe
wieder unten in ihrer Quelle, und winkt mir
herab. Ich hinunter. Aber was soll ich lang
sagen — So trieb sies bis zwanzigmal, daß sie
mich auf= und abspringen machte. Ihr mögts
leicht denken, so artig auch das Spiel war, ver=
droß michs doch zulezt. Ey! rief ich Nymphgen!
du bist nun drunten, ich oben; warum bleibstu
nicht? Oder wenn dirs drum ist, komm zu mir
herauf! — — Ey, komm doch rief sie, und
ließ sich die Länge nach ins Waßer plumsen:
Komm doch, Möpselgen, mein Böckgen! Geh!
spring herunter auf meinen Rücken, wenn dus
Herz hast! — Sieh, will dir so liegen bleiben! —
Und indem sie mir so zurief, hebt sie ihren milch=
weisen runden Rücken aus dem Waßer hervor

B 3   und

watschelt euch mit ihrem lieben Hintergen so art=
lich herum, daß mirs ganz fromm ums Herz
lief und mir die Seele im Leib herumtanzte,
wie eine Goldmücke. — — Wie der Blitz werf
ich mein Mantel hin, spey in die Hände und
thu einen gewaltigen Satz. — — Aber, o
die verfluchte Here! die mich so gewaltig verblen=
det! — — Statt auf ihren milchweisen zarten
Rücken zu fallen, liebe Brüder, wohin ich so
meisterlich gezielt, fall ich über Hals und Kopf
in einen stachlichten Brombeerstrauch, so tief,
daß sich über mir der gestirnte Himmel ver=
schloß. — O mir Armen! da stand euch noch
die verfluchte Zauberin — — — daß sie die
Pestilenz! — — daß sie im Orkus, noch
davor gepeiniget werde! denn mein Treu, ich
liebe sie jetzt gar nicht mehr — stand euch noch,
ruft höhnend, indeß ich mit tausend Schmerzen
in ein so stachelicht Netz verwickelt lieg: — Zu
mir in Busch herein! — Komm doch, Möpsel=
gen! will dir einen Schmatz geben, hast gar
meisterlich gesungen! Ey! daß du im Styr lägst
du abscheuliche Brut! — — — hätt ich dich
nur! — — — rief ich halb rasend, und
langte mit der Hand nach ihr — — — Aber
sie

sie sprang lustig davon, ohne sich mein nur zu erbarmen. Und ich wäre gewiß vor Kummer und Elend verschmachtet, hättet ihr liebe Brüder! euch nicht mein treulich erbarmet und mich herausgezogen.

Aber will sie nun fahren laßen. — — Fahre hin, du stolzes Herz! — — Hört ihrs? — — Jetzt soll mir jeder von euch schimpfliche Lieder auf diese höllische Nymphe machen. — — All will ich sie dann auswendig lernen, und sie Abends und Morgens und den ganzen Tag — — auf jenen Felsen dort, ihrer Grotte gegenüber, absingen, und schimpfen, und schmähen, und schreyen, daß es das ganze Thal, hört.

Zweyter

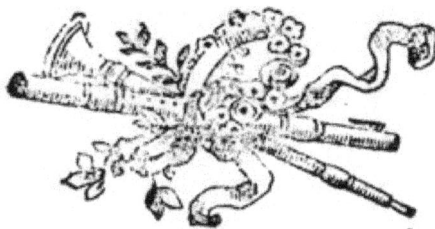

Zweyter Gesang.

Also der Satyr Mopsus, sein Herzenleid er-
zählend! Und nun heult er von neuem,
indem er das Blut von seinen zerkrazten Armen
streicht. —— Die Hälfte seiner Zuhörer heulen
vor Mitleid herzlich mit ihm; die andere lachen
überlaut über die gräßliche Gesichter, die der
Satyr im Heulen schneidt; — Doch alle entbren-
nen im Zorn gegen die Nymphe, die so grausam
ihrem lieben Mopsus mitgespielet. Auffahren sie,
und schwören, und lermen, wollen in der ersten
Hize, ihre Grotte verstören, und ihre Urne ver-
senken; und ergrimmt fahren alle zur Höle hinaus;

aus; — ähnlich einem aufgereizten Schwarme Horneßen, denen von ohngefehr ein junges Rind zwischen moosigten Wurzeln das Nest zertritt. — Die dann hervorbrummen in dichter Zahl; für Wuth pfeiffen sie, giftig schwellen ihre Leiber, und ihre Schwänze stacheln die Luft. — Zum zerfleischen versamlet fahren sie schwarz daher; Hund und Heerde fliehen darob, und die erschrockene Hirtin eilt und rettet ihren schlummernden Säugling. — Also wüthig stürmen mit Stäben und Steinen bewafnet die Knaben, und Mopsus voraus. Und gewiß hätten Sie die Thorheit begangen, die unverstörbare Grotte bestürmt, die von Jupiters Winke, auf Priareus Nacken gegründet, mit Vulkans undurchdringbaren Erzte umschmolzen ist — — und hätten sich neue Schande und Strafe dadurch erworben; hätte nicht Myron, der schlausten und gescheidesten Hirten einer, sie mit diesen Worten zurückgehalten:.

Wohin, Vater Mopsus? — — — Ihr Jungens wohin? — Seyd ihr rasend, oder habt ihr nicht mehr Nachsinnens als die dummen Thie-

re,

re, die Jupiter alles Verstandes beraubt? — — —
Was wollt ihr Narren anfangen? Meynt ihrs
mit Göttern aufzunehmen? He? Und wenn die
Nymphe ihre Felsthüre verriegelt, die schwerlich
Neptun aus den Angeln reißt, — sagt was wollt
ihr ohnmächtige dann? — — — Zurück! sag
ich. — — Schämt euch! Und du? alter Bursch!
Steckt in deinen Hörnern und Barte nicht mehr
Verstand? — Sey nicht thöricht und hör meinen Rath an, der gewiß aus treuem Herzen
fleußt. — — Was nutzt Schimpfen und Toben
hier? — — Nichts! — Du behältst deine Wun-
den, und je mehr du lermst, je mehr wird man
über dich lachen: denn ein getroffener Hund,
sagt man, bellt immer am ärgsten. — — Das
gescheidste ist, wir schweigen ganz stille; der
Abend ist bald da. Verweilen wir hier, bis es
ein wenig dunkler wird, und lauschen dann der
Nymphe auf. — Jetzo sitzt sie noch wie gewöhn-
lich, bey ihren Schwestern im Thale; unter dicken Castanien, die einen kleinen See umschat-
ten, kommen sie dort zusammen spielen, und ba-
den, wenn der Tag heiß wird; — oder würken
und umsticken goldne Gewänder mit Florens hol-
der Nachkommenschaft; indeß die eine goldne

Fäden

Fäden zwirnt, die andere bemüht ist, die Nadel
zu führen, singt die dritte, oder flechtet sich ein
Band in die Haare; — andere sitzen und horchen
auf Mährgen und wunderbare Abentheuer der
Götter, — oder lassen sich die gute Wahrheit sagen, und befragen sich wie lang die eine oder
andere noch Jungfrau zu bleiben gedächte, und
was diese oder jene für einen Gemahl bekäme?
was Alter, Farbe und Haar? — Lachen und
scherzen da unter einander. — Wenn sie nun
beym Abendstern von einander gegangen, Persina
in ihre Grotte heimgekehrt, wollen wir uns dort
unter Büsche und Wurzeln verstecken, bis sie
ihre goldne Arbeit aufgehangen, zum Nachtmahl
ihren Tisch bereitet, das halb aus Früchten und
Milch, und halb aus Ambrosia bestehet, so viel
die Nymphe Göttliches an sich hat. Dann trittstu
Mopsus, hervor, sitzest wieder auf den nemlichen
Platz, wo du heunt gesessen, und singst, und spot-
test recht schimpflich über die Nymphe, daß sie dann
etwa auch scheltend aus ihrer Höle tritt; — dann
wollen wir im Dunklen über sie herfallen, sie an ihren fliegenden Locken festhalten. Anders sie zu bändi-
gen ist keinem Gotte möglich, geschweige uns. ——
Dann wollen wir sie an einen Baum festbinden
und

und sie so lange da aufhalten, bis du dich nach
Herzenslust an ihr gerächt hast. — — Sagt, wie
gefällt euch dieß? —

Dieser Rath gefiel nun allen und Mopsus
absonderlich. — — Guter Myron! sprach er, —
wil alles thun; aber das sag ich dir zum voraus, und keiner red mir ein Wort dagegen,
oder ihn soll Cerberus beißen, — — haben wir
die listige Nymphe einmal, dann wollen wir sie
rechtschaffen anbinden. — — — Hab nur noch
ein Tröpfgen Kräfte; aber wills gerne dran strecken, mich an der gottlosen Hexe zu rächen.

Also Mopsus! — Und die Knaben bringen
nun große Humben herbey, füllen sie aus vollen
Schläuchen; dann gießen sie in schön geschnitzte
Pocale ein und laßen die herumgehen; sprechen
dem alten Satyr Muth zu, und suchen durch man-
cherley lustige Gesundheiten sein trauriges Herz
zu erfreuen. — — — Zuerst nimmt der woll-
haarigte Cebes den Becher und spricht: Beym
Amor, der auf diesen Henkel den Bogen spannend,

geschnitzt

geschnitzt ist, — Mopsus! vergiß allen Kum=
mer — laß deine starrköpfige Nymphe Persina
mit all' ihrer Schelmerey — es giebt ja der Dir=
nen noch viel. — — Glück zu! alter Freund! —
Ich wollte du müßtest des alten Oceans silbersüs=
sigte Töchter alle beschlafen; versteht sich eine um
die andere. — Und Mopsus spitzte die Ohren
und schmunzelte drob. — — Ja, spricht ein
anderer, und daß du eine Heerde Buben mit
ihnen erzeugtest, alle groß und stark, wie die
jungen Esel. — — Und der Satyr nickt und
bedankt sich gar freundlich. — — — Gefallen dir
die Nereiden nicht mehr, ruft ein dritter, Va=
ter Mopsus, so wünsch ich dir gerne König Atlas
goldfreundliche Töchtergen, die mit goldnen Käm=
men sich kämmen, und über Rosen tripplend, gold=
ne Aepfel schauckeln; — Kannst sie nehmen, wenn
sie dir gefallen. Und Mopsus spricht: — —
Ja hätt ich sie nur! — — Und nun ergreift
Myron den Becher und spricht lächelnd: — Beym
süßen Augenblick Mopsus, da du in den Strauch
fielst! — — Närrgen! wems Glück wohl will,
zu dem kommts im Schlafe. — Traun! du bist
dazu ausersehen noch ein berühmter Liebesheld
zu werden. — Betrübe dich nicht! die Sonne
geht

geht auf und unter; Man muß das Böse mit
dem Guten genießen. Siehstu! — — Heunt
lagstu in Dornen, wer weiß, ob du morgen
nicht — — Und nun trinkt der Knabe. — — Aber
der Satyr ruft: red aus Myron! denn das beste
kommt nach. — — Freylich! ruft Molon;
Heunt lagstu in Dornen, wer weiß ob du nicht
morgen auf Distlen liegst! — Trink, du Alter! — Mein Treu! ich gäb, ich weiß nicht
was drum, wenn ich dich noch einmal so im
Dornbusch liegen sähe — versteht sich, selban-
der; — Du merkst's doch? — — So mit einer — — — tausendjährigen runzelreichen Sy-
bille! — Was denkstu? He? — und ein schöner Schwarm Wespen sumsten dir ein Brautlied
auf! — — Ha ha ha! — Alle Knaben lachen
nun herzlich; und Mopsus, unwillig, wollt'
eben dem Wünscher einen Becher ins Gesicht schmeis-
sen; — als Myron ruft: Der Abendstern ist da —
Mopsus! ihr Knaben! laßt uns eilen!

Und nun brechen alle auf. — Wie ein ge-
scheider Rabe von ohngefähr, mit einem Trupp
Stahren vergesellschaftet, über einen Weinberg
fliegt,

fliegt, — sie alle die kleinen Vögel fallen sorg=
los gierig herab, die süße Aetzung zu suchen, —
er allein sitzt erst auf einen hohen Pfahl, und
drehet sich, und guckt überall herum, daß ihn
keine Gefahr befalle. So schauet sich Mopsus auf
einem Felsen um, da alle Knaben schon versteckt
sind. — — Eben war die Nymphe Persina in
ihre Höle zurück: Am Eingang ihrer grün beschat=
teten Wohnung legt sie ihre Arbeit wieder aus=
einander und beschauet noch einmal, was sie den
Tag über Schönes gemacht; froh und erfreut
über ihre Geschicklichkeit, steht sie davor und
wählet in ihrem Herzen, welcher Göttin sie ein
Geschenk damit machen wolle. — — Ein schöner
Purpurmantel wars, auf den sie gar artig Amorn
gestickt, wie er in der Blumengöttin Schooße
liegt, und wie nun Flore einen neben ihr knieen=
den Zephyr, der ihr das Blumenkörbgen hält,
thauvolle Hyacinthen abnimmt, sie muthwillig
über den nackten Schlummerer sprengt, daß er
erschrocken mit beyden Aermgen auffährt, und dar=
ob seine kleine gauklende Brüder lachen; Und
so schön hatte sie Amors Furcht und die Freudigkeit
seiner kleinen Gesellen ausgedrücket, daß man
geschworen hätte, man höre den artigen Amor
                                                      hell

hell auffahren], als ihm ein kühles Thautröpf=
gen in den Nabel fiel; — Auch die Nymphe
sprang, da sie von ohngefähr ihre Augen drauf
wand, selbst, Hey! schreyend zuruck, und lachte
hernach aus vollem Munde.

Und nun als sie ihren Mantel lange genug
betrachtet, hängt sie denselben an einen kostba=
ren Haken auf, schwenkt dann silberne Schaalen
und bereitet aus himmlischen Urnen ihr Nacht=
mal. Als sie nun so sitzt und genoßen, und eben
im Begrif ist, von ihrem schimmernden Gürtel
die Syster zu knüpfen, um in die goldenen Sai=
ten zum Zeitvertreibe ein Lied zu singen, —
gaben die Knaben dem hinten wartenden Satyr
das Zeichen. Langsam hinkt er nun hervor, setzt
sich auf einen Eichenstrunk nieder, und fängt
also über die Nymphe schimpflich zu brüllen an:

Die Katz maußt gerne. — — Ey! gewiß,
du wagst mir eine feine Jungfrau seyn. Quel=
len=Nymphe Persina du! — — — Mit dem
Hesper schleicht ein Jüngling in deine Grotte;
Wo liegt er bis der Phosphor kommt? — —
Auf

Auf Steinen gewiß nicht! Das glaub' ich wohl. Wolt's einem gleich sagen, wo? — Wolte mich nur Jemand drum befragen. — — Will doch nur sehen, wo das all' hinaus will, o du gottlose schändliche Nymphe du! — Du Igel, die sticht und beißt und mich so gewaltig in dein Netz verstrickt? — — Ja, du bist mir ein keusches Mensch! — Eine keusche Nymphe du! — Aber lieg du nur wacker bey deinem Knaben drinnen; wenn die Nuß zeitig ist, fällt sie von selbsten, was brauchts da Schüttlens? — Lieg du nur wacker zu! sag ich dir; will dir hernach auch den Reyhen bringen. — — — Meinstu, das soll mich verdrießen? — Ey, was liegt mir dran, lägen auch ihrer zwanzig bey dir! — Aber, hab einmal meine Freude dran, hier zu sitzen. — — — Heysa! wie gut ists doch hier bey meinem Schlauche!

Nun hält Mopsus ein wenig inne und fragt ganz leise: Hab ich gut gebrüllt? Und die Knaben zischen aus dem Gesträuche hervor: — Beßer noch! Mehr noch! Sie hörts. — Da räuspert sich der Satyr, und fängt wieder von neuem an:

Wahr=

Wahrhaftig! jetzt hör ich gar pispern,
küßen, daß's schmazt. — Ja, ja, so ists mit
dem verschämten Quellen-Mädgen; am Tage thun
sie so keusch, so keusch wie wankendes Schilf, das
auch vor dem geringsten Windhauche sich zurück-
biegt; aber Nachts — Nachts fallen sie, wie
reissende Wölfe in eine Heerde, auf die Jünglinge loß und schleppen sie mit in ihre Hölen.

Pfui tausend! wie mag man sich so aufführ-
ren! — — Pfui tausend! wie mag man nur
einen Mund küßen, wie dieser garstigen Nymphe Persina ihren! Die ist das häßlichste Ding
das unter der Sonne lebt. — — Pfui, um alles,
alles nicht! — — — Ja da käme mir einer recht,
der mir so was zumuthen wollte; mich peitschen
laßen aufs Blut wolt ich lieber, mein Seel!
als diese Quellen-Nymphe Persina nur einmal
küßen. Lieber wolt ich des Cerberus Rachen ab-
lecken, als ihren abscheulichen Mund. — — Heißt
wohl: Küßgen glitschen so süß von Mund zu
Mund, wie Honigthau-Tröpfgen in einer Rose
von Blatt zu Blatt; — aber bey so einer! —
Ey! ich wolte die Knotteln an meinem Ziegenfuß
                                                nicht

nicht einmal drum kämmen, ließ sie mir auch
von ihren Küßmäulern tausendweis, wie Feigen
in einem Sack zukommen. Ja! ich kann andere
Mädgen haben, — andere, als ein so gelbhau-
tiges Ding! Mädger, wie die Kürbsen; mit
lichten Augen, wie die Gemsen! Mit denen will
ich mich ergötzen; die sollen Freude haben; — —
Ja, ja, die dörfen sich an des alten Mopsus
Schulter hängen, ihre weissen Arme um meinen
Hals schlingen, mir im Bart krabbeln, meine
Nase zwicken und mich herzen und küssen soviel
ihnen lüstet. — — Hörstus drinnen? Merkstus?
Meine Hörner sollen sie mir dann mit Blumen
behangen, ha ha ha! — mir die Wangen streicheln, ha ha ha! — mich kitzlen, eine da, die
andere da, und ich will sie wieder dafür mit
Rosen peitschen, ha ha ha! und im Krabbeln
meine Backen aufblasen, ha ha ha! Die Beine
auseinander strecken, und meinen Bauch heraus
drücken, ha ha ha! die Augen verdrehen und
mit Fleiß lachen, als ob mirs wunder gefiele,
ha ha ha! — Und du solt dann in deiner Höhle
allein sitzen, ha ha ha! all dem Wohlleben zu-
sehen und vor Herzenleid dich todt härmen, ha

ha

ha ha! und ich will noch drüber lachen, ha ha ha!
mich von Herzen darüber freuen, ha ha ha! —
ha ha ha!

So schmähte der alte Mopsus und lacht' immer
länger und mehr. Aushalten kann es die Nym=
phe nicht länger; — sachte schleicht sie herbey
und gießet dem Satyr ein großes Becken mit
kaltem Wasser über den Rücken. Erbärmlich heult
er darob; und die Knaben rauschen hervor. Zu=
rück will die Nymphe in ihre Höle; aber an ih=
ren langen schwebenden Locken erhaschen sie die
Knaben und befestigen sie damit um die knotig=
ten Aeste einer Eiche.

Dritter

Dritter Gesang.

Noch singen die Knaben, frohlocken um die angebundene Nymphe, spotten und ängstigen sie, indem sie sich untereinander befragen, wie und was sie mit der Nymphe jetzt anfangen wollen; als Mopsus, das Waßer vom Rükken schüttlend, ihr also zuschreyt: — — — Haben wir dich? — Beste! haben wir dich nun? Wie steht's nun, he? Wie ist's nun? Meinstu daß mir warm war im Dornenbusch, wie du mein gelacht, als ich mein jung frisch Blut vergoß, und ich vor Schmerzen dir zugeheult, dich um Erbarmniß bat? — Und du lachtest mein

und

und rieffſt: Lieg warm! — — wart, wart! —
will dich bewarmen, will dirs nun eintreiben!
Geht. ihr Knaben! hört ihrs? — Eilet alle! —
Bleib keiner zurück! Hohlt Fackeln herbey!
weckt alles! — Wir müſſen ein Tänzlein hal=
ten. — — Will indeſſen hier im Geſträuche et=
liche Gerten dazu ſchneiden: Denn abgefangen
muß ſie ſeyn nach aller Ordnung! — — So was
iſt nicht mehr, als billig!

Alſo der Satyr! Und die Knaben laufen alle
davon, einer hie, der andere dort hinaus. — —
Als nun die Nymphe den alten Satyr allein
ſieht, fängt ſie ganz bitterlich zu weinen an, —
um etwa ſein Herz zum Mitleid zu bewe=
gen. — — — Pfeiffſtu nun ſo, Vögelgen!
ſpricht Mopſus, indem er eine Gerte ablaubte;
pfeiffſtu nun ſo? — — — Wart, wart, will
dich — — — Nein! gehauen muſtu mir wer=
den; — — Ey, was! das kann nicht anders
ſeyn! — Dann tritt er vor ſie hin, zerret ihr
den Schleyer vom Buſen, reißt ihren ſchönen
Gürtel los, befiehlt ihr ſich herum zu drehen,
damit er ſie rechtſchaffen treffe. — — Jhe?
ſchreit

schreit er, — — — gelt, meinſt ſoll dein ſchonen?
Dein ſchonen, he? Dein ſchonen, dn? — — — daß
du hernach meiner Treuherzigkeit bey andern lachen
könnteſt. — Hohl dich — — — Nichts, Jungfer!
Du liebſt mich nicht — wohl', wohl! — Darum
ſolltn mir auch gehauen werden; — davon ſoll
dich Jupiter ſelbſt und dein Großvater der blau-
bärtige Neptun, nicht befreien. — — Gelt!
meinſt' nicht, daß ich auch Fleiſch und Blut habe, gelt! — Indem er noch ſo ſcheltend der
weinenden Nymphe gegen über ſtehet, tritt aus
finſtrer Wolke der Mond hervor, beleuchtet mit
ſeinen Strahlen die weinende Göttin. — — Er-
ſchrocken ſieht ſie der Satyr; ſieht das Wallen
des Buſens, der ängſtlich ſteigend ſich hebt; und
an ihrer verſchämten Wange blinken helle Thränen, die ſanft aus ihrem halbgeſchloſſenen Auge
herabſchmelzen. — — Verſtört blickt der Lang-
ohrigte umher; da ihn das Mädgen alſo flehent-
lich um Mitleid beſchwört: — O, beym Jupiter, Mopſus! habe Mitleiden mit mir armen
Mädgen! verzeih' meiner Jugend! — Knüpfe
mich los, daß ich vor dir niederfalle und flehent-
lich deine Knie umfaſſe! — — O bey meiner
Mutter beſchwör ich dich, die, den eiferſüchti-

C 4   gen

gen Zorn eines Gottes fliehend, mich, kaum ge-
bohrne, in dieser Höle wilden Thieren zum Erbarmen hinterlies, die mitleidig vor meiner Un-
schuld ihren Grimm vergaßen, und mich nähr-
ten, und zärtlich meine Ammen wurden. —
O, sey du nicht grausamer, als sie! — Höre
mich! — — Sieh mich an! — Sieh meine
Thränen! — Ach ich verzweifle! Ach! ich sterbe
vor Schaam, wo du mich nicht läsest und mich
so entblößt, die vielen muthwilligen Knaben hier
finden! — — So sprach das Mädgen. Und
ihre Stimme bewegte des alten Satyrs Herz.
Vor Mitleid fällt ihm die Gerte aus der Hand,
da er des Mädgeus zartes Streichlen unter seinem borstigen Kinn fühlt. — Steif und stumm
steht er; und indem ihm gleichfalls die Augen
tropfen, zieht er ein krummes Maul und heult
von Herzen mit. — — — So gehts, gottlose Here! Gelt! — — Warum hastu mich nur
so grausamlich martern müssen? — — Gelt!
wenn ich dich losließe! — — Geh, geh, 's wäre kein Wunder, zög dirs Fellgen vom Hintern
ab! — Betrügliches Kind, du! — — Ja; loß
lassen will ich dich wohl, meinetwegen! Aber
dann kommen mir die Knaben aufn Hals? — —

Versluch-

Verfluchte Bestie du! — — Sieh, hätteft du
mich nur lieb gehabt, mein Lämmgen! so wäre
jetzt alles gut! — — Sag? willtu mich denn
lieb haben? versprichstu mirs? He? Komm!
schwör mir herzhaft drauf, daß du mich künftig
liebhaben willt; ich bind dich dann los, mögen
auch die Knaben mit mir anfangen, was sie wollen, mögen sie mich auch todtschlagen! — —
Beschwörs nur recht kräftig, daß es künftig immer wahr bleibt, daß du mich recht herzlieb haben wilt. Wiltu? sag! wiltu? — Ey, gerne!
rief die Nymphe, herzlich gerne! Und beschwors
bey allen Göttern des Himmels und der Hölle,
bey allen Flußgöttern und den Göttern der Luft,
daß sie ihn künftig recht herzlieb haben wolle. — —
Dann gab sie dem darob schmollenden Ziegenfüßler einen Schmatz, daß er vor herzlicher Freude
darüber das linke Bein aufhebt, abscheulich sein
Maul auseinanderreißt und überlaut brüllet. —
Nun bindet er sie los. — Aber die Knaben
kommen und schreyen: Was machstu? Warum
läßtu sie los? Dringen herbey und umringen
den Felsen, auf den sich das Nymphgen gerettet,
und wollen sie von neuem fangen.

Aber

Aber Mopsus schreit gewaltig, und hebt beyde Hände in die Höhe — — — Wolt ihr ru-
hen? — He! ruht doch! Wir sind wieder gute Freunde; sie ist meine Braut, und ich ihr
Liebgen. — Ich kann ihr ja alle Dornstiche ver-
zeihen. Geltu mein Knöttelgen! — — Zugleich
löset die Nymphe ihre Goldzyster, vom Gürtel
und verspricht den Knaben einen Gesang. —
Da werden alle fröhlich, stoßen ihre Fackeln aus
und lassen sich um den Felsen herum im Mond-
glanze nieder.

Und nun die Göttin! — Die goldne Saiten
erklangen — prächtig erhaben nun; — — bald
schauernd wild, wie des Waldgipfels Murren,
wenn ihm Stürme die Locken zerreißen, ge-
peitscht vom rießigten Donner; — bald schwer,
wie der Mitternacht Getön, deren melancholi-
schen Laut einzusaugen, Gespenster auffahren und
Verstorbene erwachen aus modernden Träumen; —
bald zärtlich süß klagend, dem Gegurgel der
Nachtigall ähnlich, die von Quellen den Frühling
lockt, wenn er zu lange verweilet und Flora Hyacinthen gekrönt, nun unter Mandeln seiner er-
wartet.

Zuerst

Zuerst sang sie die Grotte, wo der Greise
Saturnus nickt, mit ihren Hütern, Geburt und
Todt; — im Morgen= und Abendroth demmern
und schlummern beyde und der lichte Fluß des
Lebens schlägt an ihre eherne Solen.

Dann den Drachen Caos, wie der gewaltige
Zeus über ihm lag; — siegjauchzend umflicht er
des Fürchterlichen Schuppenhals, daß er umsonst
stürmende Flügel schlägt; sie sinken und stei=
gen, bis überwunden der Scheußliche kreischt und
nun aus seinem schwarzen Rachen ausspeit die
lichte Sonne, und von des kräftigen Gottes Ar=
men niedertropfen die Sterne des Himmels und
Orion und der Wagen. — — Dann die Geburt
der Welten, und wie Prometeus Menschen ge=
bildt, und wie aufschwollen zum ersten Strale
neugeschäffen die Hügel, grottenreiche Gebirge
und grüne Klippen der Fichten und der Tan=
nen. — — Dann die Grotte der Sirenen und
ihren himmlischen Gesang; auch den taumlenden
Bacchus, der siegreich um Indiens schneckenrei=
ches Ufer hinzog; das Geklapper der Muschelt
und Hörnerschall ins Jubel der Meernymphen
auf

auf Wallroße gebunden und umschlungen vom ra=
senden Chor. — — — Dann der Centauren
würgendes Lied, und Gejauchz' der streitenden
und sinkenden Schall. — Und nun vom zärtli=
chen Orpheus, der, ach! von Liebe geleitet,
stygische Nächte durchdrang. — Hingesunken am
glühenden Ufer strömt sein kläglich Lied, erschröck=
lich schön klangs ins Geheul der Verzweiflung; —
eine Musik, Sterbliche zu entsinnen und Seelen
im Schauer aufzulösen; die Götter selbst haben
noch keine wieder einander streitendere Harmonie
gehört; bis allgemach sein sanfter Ton die
Verzweiflung ganz bezwang, hingesunken zu sei=
nen Füssen der wedlende Cerberus entschlief, stille
steht im rothen Ufer der flammenwälzende Ache=
ron, und Geheul und die Angst sich legen, und
inne halten alle Räder der Verdammnis, der
Muth; — daß mitleidig sich küssen die Schlan=
gen auf der Erinys schröcklichem Haupte, — — —
und sich vergessen und all' ihren Jammer die Ver=
dammten, und all' ihre nagende, nagende Quaal. —
Herabrinnen nun allen die Thränen, als der gött=
liche Sänger sie also um Mitleid fleht: — Gebt
mir sie, ach gebt mir sie zurück meine Euridice! —
O, wenn ihr auf jener Welt je geliebt, je die
Angst,

Angſt, die zärtliche Angſt getrennter Liebe em-
pfunden — o ſo erinnert euch, durch all' eure
Marter hindurch erinnert euch, — bejammert
mich, wie ich euch bejammre! — Möchten ſich, ach
mögten ſich die Götter eurer ſo erbarmen! Denn
lange iſt die Ewigkeit! — — — Gerührt
ſtehen nun alle, denken zurück an die Oberwelt,
die ſie verlaſſen und an ihre Freunde und Gelieb-
ten; — und wie ſie ſonſt im grünen Thale und
Sonnenſchimmer, und an Quellen und Sil-
berſtrömen ſich ergötzet und gelebt, und geliebt und glücklich waren. — Und die Thränen
ſtürzen ihnen ſchneller. — — — Dann ihren
ietzigen grauſamen Zuſtand, wie ſie nun hofnungs-
loß ewig, ewig bülden und leiden, — und nimmer, nimmer ein Ende ſehen. Und mit Blut-
blicken — — knirſchend empor geriſſener Bruſt,
heulen nun all' im fürchterlichen Chor auf: — —
Ja! lange lange, o Ewigkeit! — — O, ihr
Götter, erbarmet euch unſer!

Dann von Neptuns väterlicher Liebe, als er
die ſchönſte Götter und Göttinnen beſchwor, ſein
geliebtes Söhngen, den artig gezogenen Polyphem

zu besuchen. — Auf glänzenden Muschein ge=
tragen fuhr der schöne Himmel über Oceans
spieglenden Rücken dahin und es klangen und
sangen die Wogen, als am goldnen Gestade sich
die schöne Schaar gelagert. — — Von Klip=
pen herab springt nun der Riese der väterlichen
Stimme entgegen; wohlgezogen reckt er zum
Gruße gegen den Vater die Zunge und zupft ihn
bey der Nase; dann säuft er in einem Zuge ei=
nen ungeheuren Weinbecher aus, stellt ihn vor
sich nieder und zieht aus seinem Ranzen einen
jungen Büffel, den er mit einem Faustschlag
niederwirft und mit Haut und Knochen auffrißt.
Also mit Blut beschmiert tanzt er und schäkert,
die Göttinnen zu küssen, und indem er sich seit=
wärts bücket, die geschmeidige Venus zu ha=
schen, — dreht sie sich lächelnd weg, — — —
und der Ungeheure schlägt nieder, daß von sei=
nem Fall das ganze Gebürg erschallt, und Si=
lens Esel schreiend mit den Vorderfüßen in den
ungeheuren Weinbecher setzt und seinen dickbäuchi=
gen Reuter in Koth wirft. .

Dann

Dann von der klagenden Meernymphe Cymodo=
ce, die vergeblich in den blaubartigen Proteus
verliebt, Hülfe suchend, zu Amors lieblicher
Grotte kam. Mit zerstreuten Haaren und nack=
ten Füßen trat sie in die düftende Wohnung ein,
wo der kindische Gott an seiner schönlockigten
Mutter Busen lag. — Thränend sitzt sie nun
zur Erde nieder, verhüllt mit ihren Händen ihr
Angesicht und weinet überlaut. — Umsonst daß
sie Venus bittet, ihr Herz zu erleichtern und
ihren Kummer vor ihr auszuschütten: Denn es
schien, daß die Nymphe viel Trübsal in ihrer Seele
verschlösse, und Thränen rannen durch ihre kleine
Finger die weißen Arme herab; — — bis die
freundliche Göttin beym Styx und bey ihres
machtvollen Sohnes Bogen schwur, ihr zu helfen
und ihr beyzustehen wider jedes Gottes Gewalt.
Da erhebt sie sich und trocknet mit ihren Haaren
ihr nasses Angesicht und, indem sie den schönen
Amor schmeichlend mit der Linken umschlungen
auf ihr Knie hinsetzt und mit der Rechten des
Oceans süßste Früchten und farbigte Muscheln
zum Spielwerk in seinen kleinen Schoos aufhäuft,
lehnt sie schamhaftig ihre Stirne an seine Schul=
ter und fängt oft von Seufzern unterbrochen,

ihm

ihm alſo bitterlich zu klagen an: — — — Soll
ich nicht weinen trautes Kind! da ich durch die
Grauſamkeit des unbarmherzigſten Gottes, der,
ach! meiner getreuen Liebe ſo zuwieder iſt, ſo=
wohl dich ſelbſt, als deine unvergleichliche Mut=
ter, die dich ſchönen Knaben zur Welt bracht, ſo
tief verachten ſehe! — — Ach mein Herz blu=
tet! — O, wüßteſtu, wie lange ich ſchon der
Liebe wegen erdulde! Denn wie ſoll ich dir ſchö=
nen Knaben, der du ein Gott biſt und mir al=
lein nur helfen-kannſt, länger meine Liebe zum
alten Proteus verbergen? — — Ach! ach!
Mit der Morgenröthe ſteig ich vom blauen Meer
auf und ſitze an ſeiner Grotte den ganzen Tag
über, bis die ſchwarze Nacht vom Himmel ſinkt;
ſchmachte und ſchaue nur nach ihm. Ach! und ſo
unempfindlich iſt er — O es durchſchneidet mir
das Herz, wenn ich nur daran gedenke! Denn
was thut einem jungen Mädgen leider, als ver=
achtete Liebe? — So unempfindlich iſt er, daß
er mich nicht einmal anblickt; — den ganzen
Tag läßt er mich einſam ſitzen, ohne nur einmal
zu fragen: Woher? oder: Nymphe! warum
weilſtu ſo lange? Oder ſonſt durch eine holdſeelige
Rede meiner Blödigkeit zu Hülfe käme, das

mein

mein schmachtendes Herz erquickte. — Nein;
das thut der Grausame nicht! — Herum gehet
er lieber, singt und freuet sich seiner Künsten,
die tausendfach sind; verwandelt sich nach sei=
nem Gefallen in was er will. — Bald ziehet er
als eine Schlange mit seinem Schweife ein gold=
nes Rad in den Sand, in dem er die glizriche
Brust zur Sonne sträubt und mit geschwinder
Zunge ihre scharfe Stralen spaltet; — oder
er hängt als ein grauer Meerrabe, an schroffer
Klippe und schreit herab ins Thal. — Wenn
ich ihn dann so verwandelt sehe, geh ich, mich
weniger schämend, herzu; — — rede daß er
alles vernehmen kann, von meiner unglücklichen
Liebe zum alten Proteus, und wie und wo ich
ihn zuerst gesehen und geliebet, beym Tanz der
Nymphe Galatee, wo er, als einer der flinksten
Jünglinge mir mein Herze stahl. — Aber, o
mein trautes Kind! das alles, alles beweget ihn
nicht; kaum vernimmt er nur meinen Seufzer,
so flieht er sichtbar oder unsichtbar davon. — —
Dann seh ich ihn nicht wieder, bis er Abends
unter seiner Heerde sitzt und melkt. — — —
Mit seinem schön gefleckten Meerochsen spielt er

D   dann

dann: — Denn unter allen seinen Meerthie-
ren liebt er nur den vorzüglich. Bey ihm in
der Sonne zu sitzen, seine blaue glänzende
Mähne zu striegeln und seinen fetten Wampen
zu streicheln, — denk nur — gefällt ihm bes-
ser, als süße goldne Liebe, und sein scheußlich
Gebrüll rührt ihn mehr, als alle meine zärtlich-
ste Seufzer. — — Drum mache dich auf, mein
streitbares Kind! Räche du meine Schmach an
diesem grausamen Manne! O, sey mir gnä-
dig und schieße ihn mitten ins Herz, damit
er mich lieb gewinne und auch fühle, wie wehe
verschmähte Liebe thut: Und wenn er dann so
ein weilgen gelitten, denn lange böses wolt
ich ihm nicht gerne wünschen; o, so schenke
ihn mir! — — Dadurch daß du einer Bedräng-
ten beystehst, verherrlichstu dein Ansehen und
das Ansehen deiner glorwürdigen Mutter, der
himmelreinen Venus, die Jupiters erhabene
Tochter und gewiß die schönste unter allen Frauen
ist. — — Also die Nymphe! Und nun hebt
sie auf ihrer Hand Amorn zur freundlichen Mutter empor; aber Venus schlägt ihr, holdseelig
lächlend, auf die Schulter und spricht: Betrübe

be dich jnicht Cymodoce! Du haft ein Wörtgen
gesprochen, das mir gefällt; deine Bitte sey
dir gewähret! — — Dann langt sie von der
Wand Amors goldne Geschosse und bewafnet
ihn. — Sieg freudig jauchzt der Kleine, da
ihm der Pfeilvolle Köcher am Nacken klingt; —
hüpfend zettelt er die goldne Spielwerke vom
Schooße und erhaschet rüstig den Bogen und leicht
wie ein ruksendes Goldtäubgen, das vom Lilien-
busch auffliegt, worin jsich die traute Buhle
verstecket, schwingt sich der goldbesiederte Knabe
lachend von der Nymphe Hand auf, davon, durch
die säußlenden Lüffte.

Und leztlich, wie Amor, Proteus nun zu
üiberwinden gieng. — Lange schlich er dem blau-
bärtigen Alten nach, und zielet und schießet
oft; — aber immer vergebens: Denn ehe die
sprühende Spitze noch trift, verwandelt sich der
schlaue Gott in Wasser und löschet die giftige
Glut. — — Zur List greift nun Amor, der
verschämte Schütze; steigt als ein schön gesleck-
tes Meerkalb über die blaue Welle empor;
springt dann unter den Meerungeheuren her,

die

die in der Mittagsglut um die Grotte herum-
lagen und den schläfrigen Alten in Schlummer
brüllten. Süßblöckend tanzt er in muschelreichem
Sande, springt auf und ab und die ganze Heerde springt verliebt ihm nach. — — — Aengst-
lich fährt nun Proteus, von ungewohnter Stille
erweckt, im Schlummer auf; — und wie er
nun staunend alles stille findt, entriegelt er
schnell die feste Grotte, läuft mit schwachen
Füßen hervor; — Im brennenden Sand keucht
und pfeift er und schreit zu spät seine Heerde
zurück: — — — O ihr Unsinnigen! wo lauft
ihr hin? Ach! kennt ihr eures alten Herrn
Stimme nicht mehr? Wollt ihr mich verlassen,
verlassen meine Grotte, wo so guter Meerfen-
chel wächst? — Und du, mein blaumähnichter
Stier! der du vorangehest, — O mein Sohn! —
dessen stralende Locken alle Tage die Meernymphe
Cymodoce gestriegelt und mit bunten Muscheln,
mir zu Liebe, behangen, dich geküsset und glücklich gepriesen, weil ich dich so hoch schätze! —
Ach! deinetwegen wolt ich sie ja nicht lieben,
weil du mir werther bist als alles in der Welt! —
Kehre doch wieder! — — Ach! kennstu den
Ver-

Verräther Amor nicht, der dich mir verführet,
der dich mir raubt! So schrie der Gott, keu-
chend am krummen Stabe; und Amor schießt
den sich vergessenden ins Herz. Heftig schreiend
fährt er auf, als er die sprühende Spitze nun
im Herzen fühlt. — — Aber so gleich ver-
schmilzt auch in ihm des blaumähnigten Stiers
Bild, — und der strahlenhaarigen Cymodoce
Lächeln stehet hell in seiner lohen Seele; seiner
Heerde vergessend, wirft er den krummen Stab
in Sand hin; eilet, von Amorn überwunden,
zu Oceans Klippen; schnell spaltet er dort die
silberne Woge und schießt verliebt hinab zu Cy-
modocens muschelreichem Pallast.

Also sang die Quellen-Nymphe Persina. Die
Morgenröthe klimmt schon herauf und Mopsus
und die Knaben stehen nun erfreut auf. O!
schreit Mopsus, komm herunter, komm herunter, hast gut gesungen mein Täubgen, komm
herunter will dirs lohnen, dir einen herrlichen
Schmatz geben. — Ey daß dich der Guckuck du
liebes Närrchen du! sag wenn wollen wir denn
Hochzeit machen? Kanns nicht gleich den Augen-
blic

blick seyn? Sieh bin dir so verliebt und ist mir so
drum ums Hochzeit machen. — Geh, sag doch:
Solls morgen oder übermorgen seyn? — — Ja
übermorgen Mopsus, übermorgen — spricht die
Nymphe, rüste dich drauf. Aber vergnügt, daß
sie so dem Satyr entrunnen, eilet die Nymphe
lautlachend in ihre Wohnung zurück; und Mopsus und die erfreute Schäfer begleiten sie und
klatschen in die Hände.

www.ingramcontent.com/pod-product-compliance
Lightning Source LLC
Chambersburg PA
CBHW022038080426
42733CB00007B/878